감정, 날씨와 관련 단어

● 감정

기쁜	happy, pleased, glad	우울한	depressed, gloomy
만족한	satisfied, pleased	속이 상한	upset
행복한	happy	창피한	embarrassed
매우 기뻐하는	delighted	부끄러운	shy
슬픈	sad, sorrowful	초조한	nervous
놀란	surprised, astonished	혼란스런	confused
화가 난	angry, mad	짜증스러운	annoyed
지친	tired	만족스럽지 않은	unsatisfied
걱정하는	anxious, worried	충격 받은	shocked
겁먹은	scared, frightened	자랑스러운	proud
호기심이 강한	curious	좌절된	frustrated
흥분한	excited	지루한	bored
질투하는	envious, jealous	실망한	disappointed

● 날씨

화창한	sunny, fine, nice	눅눅한	humid
구름 낀	cloudy	온도계	thermometer
맑은	clear	더운	hot
안개 낀	foggy	따뜻한	warm
바람 부는	windy	시원한	cool
비가 오는	raining	추운	cold
눈이 내리는	snowing	봄	spring
번개	lightning	여름	summer
눈보라	snowstorm	가을	fall, autumn
태풍	typhoon	겨울	winter

✪ 요일과 날짜 쓰기

일기는 매일매일 기억에 남는 일을 쓰는 거예요. 그러나 항상 특별히 기억에 남는 일들만 있는 것이 아니기 때문에 하루의 짧은 기록을 해 두는 것도 좋아요. 일기를 쓰기 위해서 우선 알아두어야 할 것은 언제 일기인지를 쓰는 것이겠죠. 요일과 날짜 쓰는 법을 배워볼까요?

요일, 월 일, 연도 : Sunday, April 4, 2008

영어에서는 요일과 날짜를 쓸 때 '요일, 월, 일, 연'의 순서로 써요. 요일 뒤에는 쉼표(,)를 쓰고 다음에 월을 쓰며, 일은 숫자로 쓰고 그 뒤에 쉼표를 붙인 다음 연도를 숫자로 써요.

Monday, July 8, 1995
(읽을 때 : Monday July eighth nineteen ninety-five)
Tuesday, June 1, 2008
(읽을 때 : Tuesday June first two thousand eight)

'7월 8일'은 쓸 때는 'July 8'이라고 쓰고 읽을 때는 'July eighth'처럼 읽어요. 일은 읽을 때 서수로 읽어요. 연도는 두 자리씩 끊어서 읽는 것이 원칙이지만 '200년, 1500년, 2008년'처럼 이루어진 것들은 있는 그대로 읽어요. 또한 일기는 매일 쓰기 때문에 일기에 연도를 생략할 수 있어요. 또한 요일과 월은 영어로 쓰며 항상 대문자로 시작하고 짧게 줄여 쓸 수도 있어요.

Tuesday, January 15
Friday, August 5

● 요일

일요일	Sunday (Sun.)	월요일	Monday (Mon.)
화요일	Tuesday (Tue.)	수요일	Wednesday (Wed.)
목요일	Thursday (Thu.)	금요일	Friday (Fri.)
토요일	Saturday (Sat.)		

● 월

1월	January (Jan.)	2월	February (Feb.)	3월	March (Mar.)
4월	April (Apr.)	5월	Ma	6월	June (Jun.)
7월	July (Jul.)	8월	August (Aug.)	9월	September (Sep.)
10월	October (Oct.)	11월	November (Nov.)	12월	December (Dec.)

요일과 월을 줄여 쓸 경우에는 줄여 쓰고 마지막에 마침표(.)을 찍어줘요.

● 숫자

기수는 우리말로 '일, 이, 삼 …' 이라고 읽는 숫자이고 서수는 우리말로 '첫 번째, 두 번째, 세 번째… ' 처럼 순서를 나타내는 숫자예요.

기수				서수	
1	one	13	thirteen	1st	first
2	two	14	fourteen	2nd	second
3	three	15	fifteen	3rd	third
4	four	16	sixteen	4th	fourth
5	five	17	seventeen	5th	fifth
6	six	18	eighteen	6th	sixth
7	seven	19	nineteen	7th	seventh
8	eight	20	twenty	8th	eighth
9	nine	21	twenty-one	9th	ninth
10	ten	22	twenty-two	10th	tenth
11	eleven	30	thirty	11th	eleventh
12	twelve	100	one hundred	12th	twelfth

☆ 날씨와 한글 이름 영어로 쓰기

날씨를 나타낼 때는 날씨와 관련된 명사나 형용사를 이용해 나타내면 되는데 첫 글자는 항상 대문자로 써요. 요일과 날짜 다음에 쉼표를 붙인 다음 날씨를 써요.

> Thursday, August 7, Sunny
>
> Monday, October 25, Cloudy and rain

날씨가 맑으면 Sunny를 쓰면 되고 흐리고 비처럼 두 가지 사항을 모두 쓸 경우에는 and(그리고)를 이용해 서 Cloudy and rain이라고 표현하면 돼요.

● 날씨를 나타내는 말들

맑은 sunny, fine, clear	눈 오는 snowy, snow
비 오는 rainy, rain	구름 낀 cloudy
바람 부는 windy	추운 cold

● 한글 이름 영어를 쓰기

한글 이름을 영어로 나타낼 때는 소리나는 대로 써요.

김지후 : Kim Jihu   홍수연 : Hong Suyeon

ㄱ	ㄴ	ㄷ	ㄹ	ㅁ	ㅂ	ㅅ	ㅇ	ㅈ	ㅊ	ㅋ
g, k	n	d, t	r, l	m	b, p	s	ng	j	ch	k
ㅍ	ㅌ	ㅎ	ㄲ	ㄸ	ㅃ	ㅆ	ㅉ			
p	t	h	kk	tt	pp	ss	jj			
ㅏ	ㅓ	ㅗ	ㅜ	ㅡ	ㅣ	ㅐ	ㅔ	ㅚ	ㅟ	
a	eo	o	u	eu	i	ae	e	oe	wi	
ㅑ	ㅕ	ㅛ	ㅠ	ㅒ	ㅖ	ㅘ	ㅙ	ㅝ	ㅞ	ㅢ
ya	yeo	yo	yu	yae	ye	wa	wae	wo	we	ui

_____

Date: _____

Weather: _____

_____

_____

_____

_____

_____

_____

Memo

Topic: _____

What happened?: _____

Feelings: _____

Diary Notebook

Date: _____

Weather: _____

_____

_____

_____

_____

_____

_____

_____

Memo

Topic: _____

What happened?: _____

Feelings: _____

_____

Date: _____

Weather: _____

_____

_____

_____

_____

_____

_____

Memo

Topic: _____

What happened?: _____

Feelings: _____

_____

Date: _____

Weather: _____

_____

_____

_____

_____

_____

_____

_____

Memo

Topic: _____

What happened?: _____

Feelings: _____

_____

Date: _____

Weather: _____

_____

_____

_____

_____

_____

_____

Memo

Topic: _____

What happened?: _____

Feelings: _____

Diary Notebook

_____

Date: _____

Weather: _____

_____

_____

_____

_____

_____

_____

_____

Memo

Topic: _____

What happened?: _____

Feelings: _____

_____

Date: _____

Weather: _____

_____

_____

_____

_____

_____

_____

Memo

Topic: _____

What happened?: _____

Feelings: _____

_____

Date: _____

Weather: _____

_____

_____

_____

_____

_____

_____

Memo

Topic: _____

What happened?: _____

Feelings: _____

_____

Date: _____

Weather: _____

_____

_____

_____

_____

_____

_____

Memo

Topic: _____

What happened?: _____

Feelings: _____

_____

Date: _____

Weather: _____

_____

_____

_____

_____

_____

_____

_____

Memo

Topic: _____

What happened?: _____

Feelings: _____

_____

Date: _____

Weather: _____

_____

_____

_____

_____

_____

_____

_____

Memo

Topic: _____

What happened?: _____

Feelings: _____

_____

Date: _____

Weather: _____

_____

_____

_____

_____

_____

_____

_____

Memo

Topic: _____

What happened?: _____

Feelings: _____

_____

Date: _____

Weather: _____

_____

_____

_____

_____

_____

_____

_____

Memo

Topic: _____

What happened?: _____

Feelings: _____

Diary Notebook

Date: _____

Weather: _____

_____

_____

_____

_____

_____

_____

_____

Memo

Topic: _____

What happened?: _____

Feelings: _____

_____

Date: _____

Weather: _____

_____

_____

_____

_____

_____

_____

Memo

Topic: _____

What happened?: _____

Feelings: _____

Date: _____

Weather: _____

_____

_____

_____

_____

_____

_____

Memo

Topic: _____

What happened?: _____

Feelings: _____

_____

Date: _____

Weather: _____

_____

_____

_____

_____

_____

_____

_____

Memo

Topic: _____

What happened?: _____

Feelings: _____

_____

Date: _____

Weather: _____

_____

_____

_____

_____

_____

_____

_____

Memo

Topic: _____

What happened?: _____

Feelings: _____

_____

Date: _____

Weather: _____

_____

_____

_____

_____

_____

_____

Memo

Topic: _____

What happened?: _____

Feelings: _____

_____

Date: _____

Weather: _____

_____

_____

_____

_____

_____

_____

_____

Memo

Topic: _____

What happened?: _____

Feelings: _____

_____

Date: _____

Weather: _____

_____

_____

_____

_____

_____

_____

_____

Memo

Topic: _____

What happened?: _____

Feelings: _____

_____

Date: _____

Weather: _____

_____

_____

_____

_____

_____

_____

_____

Memo

Topic: _____

What happened?: _____

Feelings: _____

_____

Date: _____

Weather: _____

_____

_____

_____

_____

_____

_____

Memo

Topic: _____

What happened?: _____

Feelings: _____

Date: _____

Weather: _____

_____

_____

_____

_____

_____

_____

_____

Memo

Topic: _____

What happened?: _____

Feelings: _____

Diary Notebook

_____

Date: _____

Weather: _____

_____

_____

_____

_____

_____

_____

_____

Memo

Topic: _____

What happened?: _____

Feelings: _____

_____

Date: _____

Weather: _____

_____

_____

_____

_____

_____

_____

_____

Memo

Topic: _____

What happened?: _____

Feelings: _____

_____

Date: _____

Weather: _____

_____

_____

_____

_____

_____

_____

_____

Memo

Topic: _____

What happened?: _____

Feelings: _____

_____

Date: _____

Weather: _____

_____

_____

_____

_____

_____

_____

_____

Memo

Topic: _____

What happened?: _____

Feelings: _____

_____

Date: _____

Weather: _____

_____
_____
_____
_____
_____
_____
_____

Memo

Topic: _____

What happened?: _____

Feelings: _____

_____

Date: _____

Weather: _____

_____

_____

_____

_____

_____

_____

_____

Memo

Topic: _____

What happened?: _____

Feelings: _____

_____

Date: _____

Weather: _____

_____

_____

_____

_____

_____

_____

Memo

Topic: _____

What happened?: _____

Feelings: _____

_____

Date: _____

Weather: _____

_____

_____

_____

_____

_____

_____

_____

Memo

Topic: _____

What happened?: _____

Feelings: _____

Diary Notebook

_____

Date: _____

Weather: _____

_____

_____

_____

_____

_____

_____

_____

Memo

Topic: _____

What happened?: _____

Feelings: _____

Date: _____

Weather: _____

_____

_____

_____

_____

_____

_____

_____

Memo

Topic: _____

What happened?: _____

Feelings: _____

Diary Notebook

_____

Date: _____

Weather: _____

_____

_____

_____

_____

_____

_____

_____

Memo

Topic: _____

What happened?: _____

Feelings: _____

_____

Date: _____

Weather: _____

_____

_____

_____

_____

_____

_____

_____

Memo

Topic: _____

What happened?: _____

Feelings: _____

Date: _____

Weather: _____

_____

_____

_____

_____

_____

_____

Memo

Topic: _____

What happened?: _____

Feelings: _____

_____

Date: _____

Weather: _____

_____

_____

_____

_____

_____

_____

_____

Memo

Topic: _____

What happened?: _____

Feelings: _____

_____

Date: _____

Weather: _____

_____

_____

_____

_____

_____

_____

_____

Memo

Topic: _____

What happened?: _____

Feelings: _____

Diary Notebook

Date: _____

Weather: _____

_____

_____

_____

_____

_____

_____

Memo

Topic: _____

What happened?: _____

Feelings: _____

_____

Date: _____

Weather: _____

_____

_____

_____

_____

_____

_____

_____

Memo

Topic: _____

What happened?: _____

Feelings: _____

Date: _____

Weather: _____

_____

_____

_____

_____

_____

_____

Topic: _____

What happened?: _____

Feelings: _____

_____

Date: _____

Weather: _____

_____

_____

_____

_____

_____

_____

Memo

Topic: _____

What happened?: _____

Feelings: _____

Date: _____

Weather: _____

_____

_____

_____

_____

_____

_____

Memo

Topic: _____

What happened?: _____

Feelings: _____

_____

Date: _____

Weather: _____

_____

_____

_____

_____

_____

_____

Memo

Topic: _____

What happened?: _____

Feelings: _____

Diary Notebook

Date: _____

Weather: _____

_____

_____

_____

_____

_____

_____

_____

Memo

Topic: _____

What happened?: _____

Feelings: _____

Diary Notebook

_____

Date: _____

Weather: _____

_____

_____

_____

_____

_____

_____

Memo

Topic: _____

What happened?: _____

Feelings: _____

Diary Notebook

_____

Date: _____

Weather: _____

_____

_____

_____

_____

_____

_____

Memo

Topic: _____

What happened?: _____

Feelings: _____